EDICIONES ANTÍGONA

TEATRO

EDICIONES ANTÍGONA

© Álvaro Tato, 2024
© Para todos los países en lengua española:
Ediciones Antígona, S.L.
C/ Prim 15, local. 28004 (Madrid)
Tel: 91.119.17.32 / 640.631.054
info@edicionesantigona.com
www.edicionesantigona.com

Primera edición, 2024

Directora de la colección: Conchita Piña
Diseño de cubiertas: IJdesign sobre una fotografía de David Ruiz
© Cuaderno de fotografías: David Ruiz y Txus Jiménez
Director editorial: Isaac Juncos Cianca

ISBN: 978-84-10060-09-8
Depósito legal: M-1738-2024

Impreso en España / Printed in Spain

Álvaro Tato

BURRO

Basado en textos clásicos sobre asnos

Incluye personajes, escenas y fragmentos de
Fábulas de Esopo
El asno de oro de Apuleyo
Misa del asno y *Testamento del asno* (Anónimo)
Disputa del asno de fray Anselmo de Turmeda
Romeo y Julieta de William Shakespeare
Don Quijote de la Mancha de Miguel de Cervantes
Platero y yo de Juan Ramón Jiménez

ÍNDICE

Unas palabras del director

En el patio de una ciudad llamada Tell es-Sàfi, ahora conocida como Gath en Israel, se descubrieron los restos de un burro y un bozal; de ello se dedujo que hace al menos cuatro mil años que el hombre está en estrecho contacto con este animal.

Al parecer los domaban con esta especie de bozal. Desde entonces y pasando por el *Asno de oro* de Apuleyo, la entrada de Jesús a Jerusalén o el emblema del Partido Demócrata de los Estados Unidos, los burros han estado al lado de los hombres. Siempre maltratados, vilipendiados y acusados de burros, claro, como no podía ser de otra manera. Sin embargo, nos encontramos ante uno de los animales más valientes e inteligentes que existen. Cuidan los rebaños enfrentándose a los lobos o cruzan cordilleras cargados hasta arriba de la mano de Napoleón o San Martín. También han inspirado canciones maravillosas, leyendas e infinidad de historias. Estos animales entrañables que un día se extinguieron en América y estuvieron a punto en Europa, son en casi todo diferentes a lo que la creencia popular ha hecho de ellos. Felizmente en nuestros días ya casi no los vemos llevando en el lomo la vida ajena y existen asociaciones que los protegen de la crueldad humana.

Burro es la historia de un burro atado a una estaca en sus últimos momentos, pero este burro de nuestro espectáculo ha vivido siglos y ha visto y sabe todo lo que se ha escrito y cantado sobre ellos. Entonces habla y nos cuenta y canta y su sombra le atiende y contesta a veces y así pasan sus días bucólicos pero cargados de sabiduría y dolor.

Carlos Hipólito nos deja una excepcional y conmovedora interpretación en este montaje de Ay Teatro. Queríamos hacerlo, soñábamos con hacerlo y enternecernos y conmovernos porque al fin y al cabo todos y cada uno de nosotros llevamos un Platero en el corazón.

Yayo Cáceres
Enero 2024

Personajes

(POR ORDEN DE APARICIÓN)

BURRO
Tres Músicos

MADRE BURRA
Dos BURRAS EN CELO
ONAGRO

SOMBRA de burro

Dos ROMANOS
PREGONERO
LUCIO, joven convertido en asno
ARRIERO
FOTIS, esclava
BANDIDO
DONCELLA
CENTURIÓN
MATRONA

CURA
FRAY ANSELMO DE TURMEDA
ASNO VIEJO
ALGUACIL de la Santa Hermandad

RUCIO de Sancho Panza
ROCINANTE

Francisco de GOYA

JUAN RAMÓN JIMÉNEZ
REVISOR de tren
ZENOBIA CAMPRUBÍ
MARINERO
ENFERMERA

La acción en una parcela de campo vacío

Ficha artística y técnica

Burro fue estrenada el 10 de noviembre de 2023
en el Teatro Calderón de Valladolid con el siguiente

Reparto
(por orden de intervención)

Burro / Madre Burra / Onagro / Lucio / Arriero / Fotis /
Bandido / Doncella / Centurión / Matrona /
Asno Viejo / Rucio - Carlos Hipólito

Músico / Burra en celo 1 / Sombra / Romano 1 /
Pregonero / Fray Anselmo / Goya /
Juan Ramón Jiménez - Fran García

Músico / Burra en celo 2 / Romano 2 / Pregonero / Cura
/ Alguacil / Rocinante / Revisor / Zenobia Camprubí /
Marinero / Enfermera - Iballa Rodríguez

Músico (guitarra) - Manuel Lavandera

Música original - Yayo Cáceres
Escenografía - Ay Teatro y Tatiana de Sarabia
Diseño de vestuario - Tatiana de Sarabia
Diseño de iluminación - Miguel Á. Camacho
Diseño gráfico y fotografía - David Ruiz
Sastrería - Carmen 17, Alejandro Jaén
Pintura y ambientación - Davinia Fillol
Talleres de escenografía - Mambo
Pintura de telones - Sfumato
Técnica de sonido - Manuela Paparo
Técnica de sonido - Tatiana Reverto
Maquinaria - David González

Ayudante de dirección - Daniel Migueláñez
Dirección técnica - Amalia Portes
Producción ejecutiva y gerencia - Marina Camacho
Secretaría de producción - Carmen Quirós
Prensa - Daniel Mejías
Ayudante de prensa - Jorge Ochagavía

Dirección de producción - Emilia Yagüe
Dramaturgia y versiones - Álvaro Tato
Dirección - Yayo Cáceres

Con ayuda del programa de Residencia del Teatro del Bosque
(Ayuntamiento de Móstoles)

Una producción de Ay Teatro / Coproduce Teatre Romea

Distribución - Emilia Yagüe Producciones

I. Amanece al revés

De noche en una parcela vacía, un Burro *duerme atado a una estaca. Brilla una luz por occidente. El* Burro *despierta.*

Burro
    ¡Ya amanece, sombra! Qué noche tan corta; no me ha dado tiempo ni a soñar. Pero el sol manda: hora de mascar hierba, mear fuerte, mascar hierba, espantar moscas, mascar hierba y rebuznar tan alto que hasta Dios se entere de que sigo vivo. *(Mira al suelo.)* ¡Sombra! No tiene gracia. ¡Sal de una vez! ¡Basta de burlas! ¿No te vale con alargar mi silueta por las tardes? ¿No te vale con borrarte cada noche? Un momento. Quizá te han robado mientras dormía. Pero no veo más huellas que las de mis pezuñas. Será entonces que te has ido. ¿También tú me abandonas? ¿Sin una despedida después de seis mil años? ¿Qué voy a hacer sin ti? ¿A quién echaré de menos cuando se nuble? ¿Con quién voy a fingir que no estoy solo? ¡Maldita soga! ¡Maldita estaca! ¡Maldita suerte! *(Encuentra su sombra.)* ¡Sombra! Te llevo buscando toda la mañana. Pero espera. Has salido al revés. ¡Arre, sombra, vuelve a tu sitio al trote! Un momento. Si siempre sales por aquí y llegas hasta ahí es porque el sol sale por allí y se pone por allá, pero hoy el sol ha salido por allá. ¿Oyes eso? Silencio puro. Ni un solo pío. ¿Hueles eso? Hay humo en el fondo del aire. Y ese sol no es un punto sino una línea; no sube, se va alargando, se extiende más y más... ¡Fuego, sombra! ¡Fuego! *(Intenta huir.)* ¡Maldita soga! ¡Maldita estaca! ¡Maldita suerte! ¡Arre, sombra, da la voz de alarma, sal a pedir

ayuda! Y la muy tozuda se quedará tumbada. ¿Oyes eso? Ramas que crujen. ¿Hueles eso? Hojas quemadas. Crece el incendio, sombra. Lo está trayendo el viento como esta luz extraña me trae la memoria remota de hace seis mil años. La luz de los días de mi infancia. La luz de la aurora del mundo.

MÚSICOS   *(Cantan.)* Va remontando siglos atrás
la luz de la memoria que va
subiendo tiempo arriba el caudal
camino al manantial.

Resuena el cascabel de cristal
del tiempo que pasó y volverá
rodando desde el mar al hogar
camino al manantial.

Y por la orilla cabalga un burrillo
con su trotecillo callado y sencillo
bebiéndose el brillo del tiempo que corre hacia atrás

y a paso lento va andando el jumento
y el eco de un siglo se vuelve un momento
y el viento le trae aquel tiempo que va a regresar.

II. LOS DÍAS SALVAJES

Amanecer en la prehistoria.

BURRO
Eran los días salvajes, antes de las estacas y las sogas. El mundo era cachorro. Mi manada erraba por los montes mascando el presente como hierba húmeda. Cada día duraba la eternidad entera. Vivir se parecía tanto a existir que la muerte era solo un burro quieto. Por entonces, sombra, no teníamos nombres, solo rebuznos: mi

madre, Rebuzno; mis hermanos, Rebuznitos... y mi padre Silencio, porque en secreto se contaba que era de otra manada, que vino de la llanura, que estaba hecho de fábulas, esas mismas fábulas que mi madre nos contaba al atardecer.

Se convierte en su MADRE BURRA.

MADRE BURRA
(Al público.) ¡Arre, pollinos, alzad los orejones que va a empezar la fábula! Érase que se era que había una vez una burra montesa que bajó al arroyo con sus primas. *(Salen dos* BURRAS EN CELO.*)* ¡Arre, primas, vamos al trote, que no nos vea ese onagro que bebe en la otra orilla!

BURRA EN CELO 1
¡Vaya pedazo de pelaje oscuro!

BURRA EN CELO 2
¡Menuda cruz blanca le recorre el lomo!

BURRA EN CELO 1
¡Vaya cuartos traseros que gasta el garañón!

MADRE BURRA
¡Arre, primas! Que no se diga que las asnas del monte se juntan con onagros de la llanura.

BURRA EN CELO 2
Me da que me está roznando.

BURRA EN CELO 1
Me da que me está roznando a mí.

BURRA EN CELO 2
Será por tus ojos saltones.

BURRA EN CELO 1
Será por tu rabo roto.

BURRA EN CELO 2
Al trote, Carasapo.

BURRA EN CELO 1
Al trote, Mediaburra.

BURRA EN CELO 2
A que te llevas una coz.

BURRA EN CELO 1
A que te llevas un ñasco.

MADRE BURRA
¡Arre, primas! Las dos ahora mismo de vuelta a la manada.

BURRA EN CELO 2
(A la BURRA EN CELO 1.*)* Mira la que va de borrica muerta.

BURRA EN CELO 1
(A la BURRA EN CELO 2.*)* Mira la que pone ojitos al burrazo entrotador.

MADRE BURRA
¡He dicho arre! Y la que levante el rabo se lleva un mordisco en las corvas. *(Se van las dos* BURRAS EN CELO.*)* No debí volver la vista. Los ojos de aquel onagro se me clavaron como dos aguijones de tábano negro. Así que esperé a que la manada durmiera y bajé al arroyo cuando cayó la noche.

Arroyo nocturno bajo la luna llena.

MADRE BURRA ¡Onagro! ¿Por qué eres tú un onagro?
Reniega de tu nombre y tu manada
y dejaré de ser burra montesa.
Porque solo tu nombre es mi enemigo;
tú eres tú mismo, seas o no un onagro.
¿Qué es un onagro? No es pata, hocico o rabo.

¿Qué me importa tu nombre? Si llamáramos
de otra forma a la rosa tendría el mismo olor.
¡Da una coz a tu nombre, onagro negro,
y a cambio yo me aparearé contigo!

(Al público.) Y de pronto, al inclinarme para beber, vi aquellos ojos negros reflejados en el agua, mirándome desde la otra
orilla. *(Sale el* ONAGRO.*)*

MADRE BURRA ¿Quién eres tú, cubierto por la noche,
que escuchas mis secretos?
ONAGRO Odio mi nombre, amor, pues sé que es tu enemigo.
MADRE BURRA Si te encuentran aquí te matarán.
ONAGRO Temo más el peligro de tus ojos
y esa mirada dulce que veinte coces suyas
y si tú no me amas, ¿qué importa que me encuentren?
Juro por la sagrada luna,
la que baña de plata las copas de los árboles...
MADRE BURRA ¡No jures por la luna, pues cambia cada mes,
no sea que convierta tu amor en inconstante!
Y si has de jurar jura por ti mismo;
tú eres mi dios, así que te creeré.
Mi amor es tan profundo y tan vasto como el mar,
pues cuanto más te doy más me devuelve...
¡Oigo ruido en el cerro! Mil veces buenas noches.
ONAGRO Mil veces las maldigo si me falta tu luz.

MADRE BURRA
(Al público.) Y así, queridos Rebuznitos, nos fuimos viendo
en secreto, noche a noche, cada cual en su orilla. Yo bajaba al
arroyo. Él bebía mi reflejo. Yo bebía su reflejo. Él me contaba
una fábula y se iba. Por el onagro supe de la existencia de los
hombres.

ONAGRO
Hay unos monos raros que nos cazan con lazos y redes, nos
marcan con hierros y nombres, nos atan a norias y yuntas, nos

cubren de albardas y alforjas y después nos dan palos y más palos. Si no me crees escucha la fábula del asno y los sacerdotes.

MÚSICOS, ONAGRO *(Cantan.)* Había una vez
en tiempos pasados
unos sacerdotes
que iban mendigando
por villas y aldeas,
por pueblos y campos,
y allá donde iban
llevaban un asno
para que cargara
enseres y fardos.
Y cuando veían
al asno cansado
que enfermo y herido
se iba rezagando,
palos le metían,
le metían palos,
pero ante la gente
cantaban su canto:
que viva el amor,
hermanas y hermanos,
que muera el dolor
para el ser humano.
La dama, el señor,
el rico, el villano,
todos de la mano
al son del tambor:
¡que viva el amor!

Pasaron los días,
pasaron los años
y los sacerdotes
siguieron viajando.
El pobre jumento
murió de cansancio;

rajaron su cuerpo,
lo despellejaron,
tensaron sus carnes
y así fabricaron
estas panderetas
que ahora tocamos
con baquetas hechas
de sus huesos blancos.
Esté vivo o muerto
le seguimos dando,
palos le metemos,
le metemos palos
para que la gente
escuche este canto:
que viva el amor,
hermanas y hermanos,
que muera el dolor
para el ser humano.
La dama, el señor,
el rico, el villano,
todos de la mano
al son del tambor:
¡que viva el amor!

MADRE BURRA
Que viva el amor. *(Al público.)* Noche tras noche, fábula tras fábula, el miedo por los hombres me fue calando como el rocío en los huesos. Me sentía como el asno de Buridán, que murió de hambre por no decidirse entre dos montones idénticos de cebada: ¿alertar a los míos del peligro o mantener mi amor en secreto? Os juro que me hundía dentro de sus ojos... pero una asna se debe a los suyos, así que una mañana me subí a lo alto de una roca. *(Salen las dos* BURRAS EN CELO.*)* ¡Rebuznos de los montes! ¡Huyamos a los cerros o nos cazarán los hombres!

BURRA EN CELO 1
Me da que esta se monta fábulas para bajar sola al arroyo.

BURRA EN CELO 2
Me da que esta se inventa monos raros para espantar rivales.

MADRE BURRA
¡Arre, primas! ¡Al trote las dos!

BURRAS EN CELO
(Aparte.) (Esta se cree que nos chupamos la pezuña).

Se van.

MADRE BURRA
(Al público.) Esa misma noche el onagro llegó herido. Tenía marcas de palos y un lazo roto al cuello. Yo crucé medio arroyo. Él cruzó el otro medio. Yo lamí sus heridas. Él me miró a los ojos. Yo le arranqué el lazo con mis dientes. Él frotó mi hocico con su hocico. Yo me di la vuelta. Él se subió encima... y pasaron ciertas cosas que ya os contaré de mayores.

ONAGRO
¿Oyes eso? ¡Trote de pezuñas!

MADRE BURRA
¿Escuchas eso, onagro? ¡Rebuznos de burras de los montes!

ONAGRO
¡Huyamos los dos juntos!

MADRE BURRA
¡Me debo a mi manada!

ONAGRO
¡Te espero en la llanura!

Se va.
Salen las dos BURRAS EN CELO.

BURRA EN CELO 1
¡Mira la que nos mandaba a los cerros!

BURRA EN CELO 2
¡Mira la que nos decía arre!

MADRE BURRA
¡No es decente espiar entre los arbustos!

BURRA EN CELO 1
¡Pues anda que poner la grupa a un onagro de la llanura!

BURRA EN CELO 2
¡Pues anda que inventar fábulas sobre monos raros!

MADRE BURRA
(Les muestra el lazo roto.) Aquí tenéis la prueba de que existen.
(Al público.) Las burras quedaron mudas al ver el lazo. *(Se van
las* BURRAS EN CELO.*)* Aquella madrugada partimos todos juntos a los cerros; aquí, Rebuznitos, a salvo de los hombres... de
momento. Pasaron muchos soles, muchas lunas. No sé si fue la
sed de recién parida o el veneno de aquellos ojos como espinas
de rosa negra, pero una noche bajé al arroyo y crucé a la otra
orilla. Allí, en plena llanura, ardían las hogueras de los hombres. Allí lo encontré, atado a una estaca, cubierto de arreos y
de heridas.

Sale el ONAGRO.

MADRE BURRA
¡Onagro, huyamos juntos!

ONAGRO
¿No ves mi soga al cuello?

MADRE BURRA
Ya la corté una vez.

ONAGRO
Aquí me dan cobijo.

MADRE BURRA
Hay cuevas por los cerros.

ONAGRO
Aquí me dan cebada.

MADRE BURRA
Hay hierba por los montes.

ONAGRO
Aquí me dan un nombre.

MADRE BURRA
¡No lo digas, onagro!

ONAGRO
Si te quedas conmigo...

MADRE BURRA
He parido un pollino. Tiene tus mismos ojos.

ONAGRO
Dime cómo se llama.

MADRE BURRA
Rebuzno. Y tú te llamarás Silencio.

ONAGRO
¿Escuchas eso? ¡Ladridos que se acercan! ¡Huye al trote! ¡No pares hasta el monte! ¡Conserva mi recuerdo en una fábula!

Se va.

MADRE BURRA
(Al público.) No volví a mirar atrás. Pasaron muchos soles,

muchas lunas. Algunas veces bajo hasta el arroyo, miro en el agua mi rostro de burra vieja que apenas reconozco y sé que mi tiempo termina. Pero seguiré viviendo dentro de esta fábula, aquí, donde os espero para siempre, Rebuznitos, porque contar y escuchar fábulas es no morir del todo.

III. Primer sueño

La acción vuelve al presente. La Madre Burra *se convierte en el* Burro.

Burro
Y así, querida sombra, pasó mi infancia al trote. Por entonces no sabía que aquellos monos raros iban a conquistar el mundo a palos, y a convertirnos en herramienta, en montura y en insulto para llamar a sus Rebuznitos cuando los castigan.

Músicos   *(Cantan.)* Ay qué burro mi niño, qué burro,
castigado por tonto y cazurro.
Ay mi niño que sí, ay mi niño que no,
que no aprende ninguna lección.
Castigado por tonto del bote
en la esquina con un capirote
y orejones de cuerda y cartón.
Le daremos doscientos azotes
con el látigo y con el garrote,
con la vara y con el cinturón.
Dale palos y palos al burro;
si lo pillo lo encierro y lo zurro.
Ay mi burro que sí, ay mi burro que no,
qué será cuando sea mayor.
Castigado por no saber nada
y por no decir más que burradas
y escapar del señor profesor.

Le daremos quinientos azotes
con el látigo y con el garrote,
con la vara y con el cinturón.
Dale palos y palos al burro...

BURRO
Dale palos y palos al burro... y que viva el amor. Para unos, bestias sin alma. Para otros, símbolos de lujuria o humildad. Para todos, menos que nada. Y nosotros siempre adelante con la cabeza gacha, con fama de dar mal fario desde tiempos de la India milenaria...

Según reza un manuscrito
del indio Mahabharata
en Calcuta se relata
que hay quien cuenta cierto mito
sobre una diosa insensata
montada en un borriquito.
Según la leyenda hindú
la odiosa diosa Alaksmí
dijo a su hermana Laksmí:
como soy mayor que tú
me casaré con Visnú.
Y Laksmí respondió así:
¿Tú con Visnú? ¡Tururú!
El dios Visnú me ama a mí
lo mismo que lo amo yo.
Cuando dijo así Laksmí
tanto Alaksmí se enfadó
que en el rostro le dejó
un zarpazo carmesí,
y cuando Visnú lo vio
este castigo le dio:
desde hoy serás la diosa
de la desgracia y la pena,
de la envidia que envenena
y de la rabia celosa

que a la rosa más hermosa
vuelve horrorosa cadena;
y por mayor deshonor,
con el cielo por testigo,
te condeno y te maldigo
con un castigo peor:
pasar un milenio y pico
vagabunda y majareta
dando vueltas al planeta
sobre el lomo de un borrico.
Desde entonces, dice el mito,
la vieja diosa a diario
va repartiendo mal fario
montada en un borriquito.

Pero... ¡qué remedio, sombra! Siempre hay quien nos pone a caer de un burro, y siempre vuelve la mula al trigo, y no se hizo la miel para la boca del asno, pero a burro viejo poco forraje y a burro muerto no faltan cuervos. Esta leyenda me recuerda la voz de mi madre. Y este calorcito me recuerda su pelaje. Y esta brisa encendida me recuerda...

> *Se duerme.*
> *La* SOMBRA *del burro cobra vida.*

SOMBRA
> ¡Despierta!

BURRO
> Solo un ratito más.

SOMBRA
> Que despiertes.

BURRO
> Que me dejes.

SOMBRA
Que te levantes.

BURRO
Que no quiero. Además, las sombras no hablan.

SOMBRA
En sueños sí.

BURRO
(Imitándola.) In siñis sí.

SOMBRA
Es la hora de escapar.

BURRO
Aquí estoy calentito.

SOMBRA
Y pronto estarás asado.

BURRO
¡Y tú frita, así que fuera de mi sueño!

IV. EL ASNO DE ORO

El BURRO *despierta.*

BURRO
¡Sombra! ¡He soñado que me hablabas! ¡He soñado que me decías que huyera! ¡Con la cantidad de problemas que da la libertad! Eso es para los pájaros. Yo solo soy un burro.

(Canta.) Como burro que soy
basta un rayo de sol
y un puñado de hierba,
ir vagando sin rumbo
y beber agua fresca
de cualquier manantial.
Como burro que soy
basta un poco de luz,
algo de paja seca,
ir vagando sin rumbo
y rodar por la arena
y dormir y soñar.
Si algún día me fuera
a otra parte del mundo
donde ya nadie espera
que se escuche un rebuzno...

Un momento. ¿Hueles eso? Pelo quemado. ¿Escuchas eso?
Patas en estampida. *(Pasan caballos a galope.)* ¡Hermanos caballos! ¡Mi dueño se ha olvidado de soltarme! ¡Morded mi soga!
¡Partid mi estaca! ¡No me dejéis atrás! Cómo culparlos, sombra, si el miedo les vuelve sordos y el humo ciegos. No envidio
su destino. Ni la velocidad ni la belleza les libró de los palos y la
doma. Y han vivido tan cerca de los hombres que ya se creen
sus hijos. Nosotros, por lo menos... ¿Oyes ese relincho? ¡Una
rezagada! La pobre viene en llamas. *(Pasa una yegua en llamas.)*
¡Hermana! ¡Rueda por la arena! ¡Tírate al arroyo! Demasiado
sorda, demasiado ciega, demasiado deprisa. Como la vida, sombra: una yegua encendida que pasa a galope. Y si el viento no
cambia, pronto nos reuniremos con ella. ¡Maldita soga!
¡Maldita estaca! ¡Maldita suerte! Ojalá siguiera libre por el
monte, a salvo de los hombres con mi manada vieja. Ojalá no
hubiera dormido tantos siglos. Cuando me desperté, el mundo
no era el mismo. ¡Estaba en el Imperio Romano! Vi rutas de
piedra como albardas sobre el lomo de la tierra. Vi murallas
como vastas dentaduras. Vi acueductos como abrevaderos de
dioses. Vi enjambres de hombres con sus togas y sus leyes...

Roma en época imperial. Pasan dos ROMANOS *saludándose entre ellos.*

ROMANO 1
    ¡*Curriculum vitae*!

ROMANO 2
    ¡*Deus ex machina*!

BURRO
    ... Con sus foros y sus circos...

ROMANO 1
    ¡*Carpe diem*!

ROMANO 2
    ¡*Rigor mortis*!

BURRO
    ... Con sus arpas y sus armas.

ROMANO 1
    ¡*Sine qua non*!

ROMANO 2
    ¡*Mutatis mutandis*!

BURRO
    Ya no recuerdo el nombre de mis amos ni los nombres que me dieron.

ROMANOS
    ¡*Equus asinus*!

    Se van.

BURRO
    Pero no olvido quién cargó sus piedras, quién arrastró sus troncos,

quién empujó sus fronteras hasta el borde de los mares, de amanecer a ocaso, de oriente a poniente y siempre a palos. Porque Roma, sombra mía, se hizo a palos.

Sale un PREGONERO *romano.*

PREGONERO
¡Ave, patricios y plebeyos! ¡Ave, ciudadanos de Roma! Sed bienvenidos al Coliseo y oíd la verdadera historia del asno de oro. Estampa primera: el joven viajero Lucio vaga por los caminos y se encuentra con un arriero.

Salen LUCIO *y un* ARRIERO.

LUCIO
¡Ave, señor arriero! ¿Sabría indicarme la ruta de Tesalia?

ARRIERO
Da mal fario pisar esa tierra de hechiceros.

LUCIO
Allí vive Milón, un amigo de mi padre, y dicen que su esposa...

ARRIERO
Da mal fario mentar el nombre de esa bruja.

LUCIO
Dicen que sus brebajes la convierten en pájaro.

ARRIERO
Da mal fario contemplar metamorfosis.

LUCIO
Pues buscaré a otro arriero que me guíe a cambio de esta bolsa.

ARRIERO
Todo recto hacia el norte y al llegar a Macedonia a la derecha.

Se va.

PREGONERO
Estampa segunda. Puerta de la casa de Milón.

LUCIO
¡Toc, toc! ¡Ah de la casa!

Sale la esclava FOTIS.

FOTIS
¡Ave, forastero! Aquí no se dan limosnas a mendigos. *(Aparte.)*
(¡Por Venus, vaya porte!).

LUCIO
¡Ave, muchacha! Soy Lucio de Corinto. Mi padre es amigo de
Milón. ¿No seréis su esposa con fama de hechicera? *(Aparte.)*
(¡Por Marte, qué muslamen!).

FOTIS
Yo soy su esclava Fotis. Mi amo recibió carta de vuestro padre y os
da la bienvenida en esta casa. *(Aparte.)* (¡Por Príapo, qué glúteos!).

PREGONERO
Estampa tercera. Cocina de la casa de Milón.

LUCIO
¡Ave, Fotis! ¡Qué aroma tan penetrante! ¡Con qué salero
meneas el perol! ¡Quién hundiera el cucharón en un puchero
tan sabroso!

FOTIS
Ve con tiento, joven Lucio; si te arrimas a mi fogón igual te
abrasas.

LUCIO
Pues igual le meto un buen bocado.

FOTIS

Pues igual te chupas los dedos.

PREGONERO

¡Ñaca, ñaca, ñaca!

LUCIO

Amada Fotis, calmados ya los apetitos...

FOTIS

¿Ya?

LUCIO

¿... Me mostrarás las artes mágicas de tu señora?

FOTIS

Sus aposentos quedan al fondo del pasillo.

LUCIO

¡Ya la veo, Fotis! Bebe de un frasco. ¡Su piel se vuelve plumas, su boca pico, sus brazos alas! ¡Sale por la ventana convertida en cuervo! ¡El frasco está a mi alcance! Pero espera. Hay dos frascos. Era este. No, este. No, este. *(Bebe y se convierte en asno.)*

FOTIS

¡No bebas, Lucio, que es el otro frasco! Su piel se vuelve cerdas, su boca hocico, sus brazos patas, su... bueno, eso no cambia, pero crece y crece y crece... Escucha, rucio, digo Lucio. Tan solo hay una forma de revertir el hechizo: comer una rosa roja. Espera en el establo que yo te llevo un ramo.

Se va.

PREGONERO

Estampa cuarta. Establo de la casa de Milón.

LUCIO

¡Qué burra suerte la mía! Mira que convertirme en el animal más tonto del imperio romano. Pero... ¡qué escucho! Alguien se acerca. ¡Será Fotis con un ramo de rosas! Ah, no, es un bandido que ha desvalijado la casa. Daré la voz de alarma. *(Rebuzna.)* ¡I-á!

Sale un BANDIDO.

BANDIDO
¡Maldito asno! Toma esto por delator: ¡zas! Y ahora carga el botín y tira para el monte.

Se va.

PREGONERO
Estampa quinta. Cueva del bandido.

LUCIO
¡Qué burra suerte la mía! Mira que verme atado sin una rosa cerca. Pero... ¡qué escucho! Aquí vuelve el bandido con una doncella raptada.

El BANDIDO *vuelve con una* DONCELLA.

DONCELLA
¡Soltadme, por Minerva!

BANDIDO
¡Quedaos quieta, por Caco!

DONCELLA
Mirad que la legión ha de apresaros.

BANDIDO
Mirad que esta guarida es secreta.

DONCELLA
Mirad que es muy sencillo dar con ella.

BANDIDO
Pues ya me diréis cómo.

DONCELLA
Pues basta con seguir las huellas de jumento.

BANDIDO
(A LUCIO.*)* ¡Asno maldito! Toma esto por hacerme borrar tus huellas: ¡zas!

Se va.

DONCELLA
Arre, noble cuadrúpedo, se émulo del alígero Pegaso. ¡Pero aguarda, que regresa el bandido!

Vuelve el BANDIDO.

BANDIDO
Ya no queda ni rastro de las huellas... ¡Por Caco! ¿Qué es lo que veo? ¡Maldito asno! Toma esto por intentar robarme a la doncella: ¡zas!

LUCIO *rebuzna.*

CENTURIÓN
(Desde fuera.) ¡Ave! ¡Le habla el centurión de la legión romana! ¡Hemos oído rebuznos! Salga desarmado y habrá misericordia.

BANDIDO
¡Me rindo, por Caco! ¡No disparen!

Muere.
Sale el CENTURIÓN.

CENTURIÓN
¡Compañía, descanse! Este jumento salvador encierra algún

misterio. Quizá es uno de esos burros sabios de las fábulas antiguas. *(*LUCIO *rebuzna.)* ¿Cuánto suma palito palito más palito? *(*LUCIO *rebuzna tres veces.)* En efecto, palito palito palito. ¿Cuánto es equis menos palito equis? *(*LUCIO *rebuzna.)* En efecto, palito. ¡Compañía! Dimito de la legión. ¡Voy a hacer fortuna!

PREGONERO
Estampa sexta. Plaza de Corinto.

CENTURIÓN
¡Tribunos y plebeyos, un sestercio por preguntar al burro sabio! *(A* LUCIO.*)* ¿Cuánto es equis menos uve palito? *(*LUCIO *rebuzna cuatro veces.)* En efecto, palito uve.

    Sale una MATRONA.

MATRONA
¡Ave, señor amaestrador!

CENTURIÓN
Ave, hermosa matrona. Pedid lo que queráis al burro sabio.

MATRONA
(A LUCIO.*)* Levanta las orejas... levanta las patitas... levanta el rabito... *(Al* CENTURIÓN.*)* ¿Cuánto por el semental?

CENTURIÓN
Mirad que no está en venta.

MATRONA
Mirad que me arrebata la pasión.

CENTURIÓN
Mirad que es pasión contra natura.

MATRONA
Mirad que llevo encima equis equis equis sex...tercios.

CENTURIÓN
Mirad que el asno es todo vuestro.

Se va.

PREGONERO
Estampa séptima. Alcoba del palacio de la dama.

LUCIO
¡Qué burra es mi suerte! Mira que verme a solas con esta dama en cueros y no poder dar curso a mis ardores.

DAMA
Arre, asno, que me consume el ansia de deleite carnal.

LUCIO
(Aparte.) (Le diré que por la desproporción de nuestras dimensiones la coyunda es imposible). *(Rebuzna.)* ¡I-á!

MATRONA
Toma esto por remilgado.

PREGONERO, MÚSICOS
¡Ñaca, ñaca, ñaca!

MATRONA
Y esto por recatado.

PREGONERO, MÚSICOS
¡Ñaca, ñaca, ñaca!

MATRONA
Y esto por decoroso.

PREGONERO, MÚSICOS
¡Ñaca, ñaca, ñaca!

MATRONA
¡Por fin un amante en condiciones! ¡Voy a hacer fortuna!

LUCIO
(Aparte.) (Pues sí; la coyunda era posible).

PREGONERO
Estampa final. Coliseo de Roma. ¡Patricios y plebeyos, atentos a la gran sensación de la Fiesta de la Primavera! El célebre jumento que todos llaman el asno de oro se dispone a copular con una esclava condenada a muerte.

ROMANOS
(Jaleando a LUCIO *desde las gradas del coliseo.)* ¡Equus asinus! ¡Equus asinus!

LUCIO
¡Qué burra suerte la mía! ¡Maldita chusma que jalea la desgracia ajena! ¡Malditos tribunos que lo sufragan! ¡Entre el asno y el hombre ya sé quién es la bestia! *Homo homini asinus.* Allí traen a mi amante desnuda como Venus sobre un blanco lecho lleno de rojas rosas. Un momento... ¡rosas rojas! *(Come rosas y se convierte en hombre.)*

PREGONERO
¡Atención, romanos! El cuadrúpedo avanza al trote... la esclava reza una plegaria... ¡Un momento! ¡El asno se está comiendo las rosas! Sus cerdas se vuelven piel, su hocico boca, sus patas brazos... ¡Es Lucio, aquel joven que desapareció la primavera pasada! ¡Que le cubran las partes pudendas! ¡Que lo envíen de vuelta a su tierra natal! Y que la alada Fama cante para los siglos venideros la extraña historia del asno de oro.

Se va.

MÚSICOS *(Cantan.)* Paso a paso y al paso el tiempo se va, cada segundo un siglo se volverá

y al trote de un lugar hasta otro lugar
pasa su corazón sin mirar atrás.

Palo tras palo y palo sin descansar
bajo el sol y la nieve y el temporal
desde el bosque al desierto y del monte al mar
va perdiendo su vida y su libertad.

Y cuando cae la tarde el asno quizá
sueña con que algún día descansará.

V. MISA DEL ASNO

La acción vuelve al presente. LUCIO *se convierte en el* BURRO.

BURRO
Al trote, sombra, al trote, siempre al trote... Así llegamos a la
Edad Media: llagados, en los huesos y siervos de los siervos de la
gleba. Éramos la recua sin nombre, la cofradía de los simples, los
reyes bobos de los Carnavales. ¡Y pensar que en días remotos el
mismo Zeus nos convirtió en estrellas como premio por espantar
a los gigantes con nuestros rebuznos! Allí seguimos, sombra:
aquellos dos borriquitos blancos de la constelación de Cáncer.
Pero un momento. No hay estrellas. Solo esta niebla turbia de
luz y sangre. ¿Hueles eso? Monte calcinado. ¿Oyes eso?
Campanas a rebato. Los pueblos dan la voz de alarma.
¡Humanos! ¡Mi dueño se ha olvidado de soltarme! ¡Cortad mi
soga! ¡Talad mi estaca! ¡No me dejéis arder! ¿Cómo han de
oírme, sombra, si viven tan lejos, todos juntos apiñados en sus
jaulas de cemento y cristal? Primero salvarán sus vidas, luego sus
casas, luego sus cosas y por último a nosotros si es que nos recuer-
dan. Yo no puedo olvidarlos. Yo llevo cada año, cada paso y cada
palo clavado en mis ijares, corriendo por mi sangre, calado en mi
osamenta. Esas campanas, sombra, tocan a alarma, pero también

a misa medieval. ¿Puedes oírlas? ¿Puedes oír las risas de la plebe que me lleva al altar en procesión? ¿Escuchas los panderos y sonajas? Tan solo un día al año, sombra, por Carnestolendas. Es el mundo al revés. Es el Antruejo. Es la Fiesta de los Locos. Es la Misa del Asno del año del Señor de mil cuatrocientos diecisiete.

Iglesia medieval. Sale un CURA.

MÚSICOS   *(Cantan.) Hic incipit, fratres,*
                 nostrum festum asinorum,
                 asinaria festa,
                 per saecula seculorum.

                 Llega desde Oriente
                 fuerte y obediente;
                 va rumbo a Belén.
                 ¡Señor asno, amén!

                 Si hay paja y forraje
                 pone fin al viaje
                 en un santiamén.
                 ¡Señor asno, amén!

                 Si le damos paja
                 cien horas trabaja
                 sin pena o desdén.
                 ¡Señor asno, amén!

                 Si hay cebada y pienso
                 trae mirra e incienso
                 y oro a tutiplén.
                 ¡Señor asno, amén!

                 Por eso tus amos
                 todos juntos damos
                 rebuznos también.
                 ¡Señor asno, amén!

BURRO, MÚSICOS
¡I-á!

CURA
Burro nuestro que pastas en celo, hierba mascada sea tu hambre, venga al pesebre tu pienso, óigase tu rebuznar así en la albarda como el arreo. Devora nuestras hierbas así como los otros te dan palos hasta que te venden. No te quejes si mueres de inanición más líbrate del bozal. *Asnén*. Queridos *hermasnos*, queridas *hermasnas*: en nombre del pollino del domingo de Ramos, rebuznamos.

BURRO, MÚSICOS
¡I-á!

CURA
En nombre del asno del portal de Belén, rebuznamos también.

BURRO, MÚSICOS
¡I-á!

CURA
Lectura del *Libro de los Números*, capítulo vigésimo segundo. *(Lee.)* «Y la burra del profeta Balaam parose en mitad del camino, y Balaam pegola y pegola, y Dios diole a la burra el don del habla, y la burra miró a Balaam y díjole así...».

BURRO
«¿Por qué me pegas? ¿Qué te he hecho? Yo soy tu burra, toda mi vida te he llevado sin tratarte mal. ¿Por qué me pegas?».

CURA
Asnén. Y ahora, *hermasnos* y *hermasnas*, a modo de homilía, oigamos la célebre *Disputa del asno* vivida en sus propias carnes por el sabio fray Anselmo de Turmeda, y seguida por el *Testamentum Domini Asini*.

Se va.

Sale FRAY ANSELMO.

FRAY ANSELMO Viendo que el mundo está tan inclinado
al vicio y al pecado,
veréis cuando os relate mi disputa
que el hombre fuera igual que bestia bruta
si la bondad divina
no nos librara a todos de la ruina.
Paseaba una tarde por el prado
y al hallarme cansado
fui a tenderme a la sombra entre las flores
cuando escuché rumores;
en aquel paraíso
surgieron de improviso
todos los animales del planeta
para celebrar su reunión secreta.
Primero habló un conejo
que era el lacayo de ese gran consejo:
Aquí está fray Anselmo; este es el hombre
de gran fama y renombre
que por sabio es tenido.
Él predica, según tengo entendido,
que los seres humanos son mejores
y que merecen ser nuestros señores.
Así dijeron bestias diferentes
afilando las uñas y los dientes:
¡Muerte al fraile traidor!
El hombre no ha de ser nuestro señor.
Y así dijo el león
que era el monarca de esa gran nación:
Que él hable en su defensa.
Si es tan sabio y tan listo como piensa
ganará la disputa;
si no tiene razón se le ejecuta.
Y no ha de disputar con bestia astuta;
que venga el asno rengo, sucio y viejo
de tiñoso pellejo.

El BURRO *se convierte en un* ASNO VIEJO.

FRAY ANSELMO
Señor asno, la prueba de que los hijos de Adán somos de mayor nobleza que los animales es que estamos bien hechos y vosotros no.

ASNO VIEJO
Decís gran pecado, fray Anselmo, pues quien critica una obra habla mal de su autor. Dios le dio grandes orejas al elefante para espantar moscas, largas patas al caballo para galopar, ancho cuello al asno para mascar hierba, y así a cada animal según sus necesidades. Por eso vuestra razón es falsa.

FRAY ANSELMO
No negaréis, señor asno, que nosotros comemos deliciosas viandas y bebemos delicados vinos y vosotros no. Por eso mi razón es cierta.

ASNO VIEJO
¡No me hagáis reír, fray Anselmo! Solo podéis ganar viandas y vinos con dinero, y solo ganáis dinero con dolor y pena. Decidme cuál de las dos es vida de señores: ¿la nuestra sin trabajos o la vuestra de fatigas? Por eso vuestra razón es falsa.

FRAY ANSELMO
Pero nosotros gozamos de mil placeres: reímos y cantamos en bodas y festejos con bellos trajes y joyas y vosotros no. Por eso mi razón es cierta.

ASNO VIEJO
Me parece, fray Anselmo, que la vanidad os ablanda la sesera. Con el paso del tiempo vuestros banquetes se vuelven entierros, vuestras risas llantos, vuestras canciones trenos, vuestras casas nichos y vuestras joyas cadenas. Y mirad bien vuestras ropas, porque sois ladrones de la seda de los gusanos, la lana de las ovejas y las pieles que Dios nos dio para protegernos del frío. Por eso vuestra razón es falsa.

FRAY ANSELMO
Pero Dios nos otorgó la ley y a vosotros no.

ASNO VIEJO
¡Y pensar que tenéis fama de sabio! Si el hombre fuera puro la
ley no haría falta. Porque Él os creó justos e inocentes como
nosotros, que nunca hacemos el mal, pues solo obramos por
necesidad. Por eso vuestra razón es falsa.

FRAY ANSELMO
Pero nosotros tenemos amor y vosotros no.

ASNO VIEJO
¿Amor? No me habléis de amor viendo el del perro, que sufre
cien golpes a cambio de una caricia.

FRAY ANSELMO
Pero nosotros os damos cobijo y alimento por piedad.

ASNO VIEJO
¿Piedad, fray Anselmo? Lo hacéis por vuestro provecho. Sin
nosotros os moriríais de hambre y frío. ¿Osáis hablarme de piedad? Separáis a corderos y cabritos de sus madres para devorarlos y
beberos la leche que los alimenta. Decidme, fray Anselmo, dónde
está vuestra piedad o tendré que deciros que vuestra razón es falsa.

FRAY ANSELMO
Pero nosotros os comemos a vosotros, y el que come es superior
al que es comido.

ASNO VIEJO
Entonces los gusanos son vuestros superiores, pues os devoran
bajo tierra. Todas vuestras razones son falsas; por tanto, habéis
perdido la disputa.

FRAY ANSELMO
¡Un momento, señor asno! Según las Escrituras, Dios tomó
forma humana.

ASNO VIEJO
Génesis, 1:28.

FRAY ANSELMO, CURA, ASNO VIEJO
«Creced y multiplicaos, sed señores de las criaturas del mar, el cielo y la tierra».

ASNO VIEJO
Vuestra razón es cierta, fray Anselmo; por tanto, habéis ganado la disputa.

FRAY ANSELMO *(Al público.)* Y de este modo desperté en el prado
de milagro salvado,
y no quedaba rastro de animal.
Y aunque no sé si fue un sueño real
desde entonces predico
que no hay bestia más sabia que el borrico.

Se va.

ASNO VIEJO   *(Canta.)* El abajo rebuznante
declara al reino animal
que reparte, coz mediante,
su valor patrimonial.
Le doy la cruz de mi lomo
a los papas que vendrán
y a los pobres lo que como
y mi cola al sacristán.
Mis dientes al molinero,
mi lengua al predicador,
mi cráneo al sepulturero,
mi seso al gobernador,
mis orejas y mi cuero
al juez que dicta la ley
y mis dos cuartos traseros
a la familia del rey.
Para sus bellas canciones

doy mi voz a los juglares,
mis patas a los ladrones
que en España son millares.
Y por si quedaran dudas
en el umbral de la muerte
les dejo a monjas y viudas
mi parte más grande y fuerte...
y potente... y resistente...
y algo indecente... ¡mi mente!
Con pezuña de jumento
firmo aquí de buena fe;
ya dictado el testamento
hoy en paz me moriré.

Sale un ALGUACIL *de la Santa Hermandad.*

ALGUACIL

¡Favor a la Santa Hermandad! Por orden de la Curia Romana queda prohibida la Misa del Asno, las Fiestas de Locos, la Fiesta del Obispillo y cualesquier otra celebración iconoclasta, irreverente o jocosa.

Se va.

VI. RUCIO DE SANCHO

La acción vuelve al presente. El ASNO VIEJO *se convierte en el* BURRO.

BURRO

Y así, querida sombra, dio fin mi breve carrera eclesiástica. Y pasaron los siglos al trote, siempre al trote. Atrás quedó el valle profundo del Medievo, atrás el prado umbrío del Renacimiento, y nosotros siempre adelante con la cabeza gacha mientras el

46

mundo iba cambiando como esta viva llama. ¿Puedes ver cómo se acerca? Todo lo arrasa como el tiempo, todo lo alumbra como la memoria. Su luz me devuelve aquellas noches al raso en torno de la hoguera, aquellos breves ratos de paz entre hombres y bestias a la orilla del fuego. Pasaron las noches y los días, llegó el Siglo de Oro, pero para nosotros fue el Siglo de Palo. Troté bajo los palos de buhoneros y picaños, de chalanes y galenos; llevé a los reos por las calles camino de las llamas de la Santa Inquisición; tiré de yuntas, abrí senderos, di vueltas y más vueltas a ruedas de molinos... hasta que fui a parar a manos de cierto labriego, hombre de bien pero de muy poca sal en la mollera, que vivía en un lugar de La Mancha. Un día cargó mis alforjas y me llevó a correr aventuras junto a un hidalgo loco. Así conocí a mi gran amigo Rocinante.

El BURRO *se convierte en el* RUCIO *de Sancho Panza. Sale* ROCINANTE. *Cabalgan juntos por un camino manchego.*

RUCIO	¿Cómo estáis, Rocinante, tan delgado?
ROCINANTE	Porque nunca se come y se trabaja.
RUCIO	Pues... ¿qué es de la cebada y de la paja?
ROCINANTE	No me deja mi amo ni un bocado.
RUCIO	Andad, rocín, que estáis muy mal criado,
	pues vuestra lengua de asno al amo ultraja.
ROCINANTE	Asno se es de la cuna a la mortaja.
	¿Lo queréis ver? Miradlo enamorado.
RUCIO	¿Es necedad amar?
ROCINANTE	No es gran prudencia.
RUCIO	Metafísico estáis.
ROCINANTE	Es que no como.
RUCIO	Quejaos de su escudero.
ROCINANTE	No es bastante.
	¿Cómo me he de quejar en mi dolencia,
	si el amo y escudero o mayordomo
	son tan rocines como Rocinante?

Se va.

RUCIO

¡Ay, Rocinante! Juntos recorrimos mil caminos, vivimos mil sinsabores, pero ninguno tan amargo como el de separarnos en aquellas páginas del capítulo cincuenta y cinco de la segunda parte, cuando me tomó la noche tan cerrada que caí con mi dueño en esta honda y oscura sima. *(Cae en una sima.)* ¡Ah de los caminantes! ¡Mi amo ha perdido el sentido! Mas... ¿qué ayuda hemos de hallar en tan desiertos contornos? ¡Ay, Sancho de mis entrañas! De aquí sacarán nuestros huesos mondos y raídos y por ellos sabrán quiénes somos, pues nunca me apartaste de tu lado. ¡Ay, dueño mío, que por no llamarme asno me decías «el rucio»! ¡Desdichado de mí, en qué han parado mis locuras y fantasías! ¿Por qué no me di a la fuga con aquella carreta de representantes? ¿Por qué no me quedé con la pollina de Dulcinea del Toboso? ¿Por qué no te dejé en la aventura del pueblo del rebuzno? ¿Por qué no me fui con el pícaro Ginés de Pasamonte cuando me hurtó en Sierra Morena, o varios capítulos después, cuando lo hallaste y le dijiste: «¡Ah, ladrón Ginesillo, deja mi prenda, suelta mi vida! ¡Huye, puto, y desampara lo que no es tuyo! ¡Ah, rucio de mis ojos, hijo de mis entrañas, alhaja de mis hijos, solaz de mi mujer, alivio de mis cargas y sustentador de mi persona!». Y Cervantes nunca supo que si me quedé fue por ti, Rocinante amigo, Rocinante hermano. Mas... ¿qué relinchos me hacen eco?

Sale ROCINANTE *en lo alto de la sima.*

ROCINANTE

¿Quién rozna allá abajo?

RUCIO

¿Quién ha de ser sino un rucio sin ventura?

ROCINANTE

¡Si acaso eres alma en pena, conjúrote como católico rocín a que dejes de imitar la voz de la montura del escudero del Caballero de la Triste Figura!

RUCIO

¡Voto a tal! Vuestra merced debe ser el simpar Rocinante, flor y espejo de los caballos. Por mi nacencia juro que yo soy el rucio de Sancho Panza. Pero a burro muerto la cebada al rabo, y rebuzno de burro no llega al cielo, y el burro grande ande o no ande, y el burro delante para que no se espante, y aquí no se ve tres en un burro...

ROCINANTE

¡Sooo! Ese rebuzno conozco como si lo pariera, y no hay alma en pena capaz de ensartar tantos refranes desatinados sin ton ni son. Toma esta soga, rucio de mis ijares, que yo sabré sacaros de esta sima con ayuda de mi amo, y partiremos juntos a galope en pos de nuevas aventuras.

Libera al RUCIO *y se va.*

VII. CAPRICHO DE GOYA

La acción vuelve al presente. El RUCIO *se convierte en el* BURRO.

BURRO

Algunos años después, querida sombra, ya de regreso a aquel lugar de La Mancha, salté la cerca del establo y fui al trote en busca de Rocinante. Hallé la hacienda del hidalgo en ruinas. Ni rastro del ama y la sobrina. Ni rastro del cura y el barbero. Ni rastro del rocín flaco y el galgo corredor. Pero la biblioteca estaba intacta: allí yacían cientos de tomos polvorientos. Me los comí todos. Esos libros me dieron el don de la palabra, aunque bien sabes que me callo cuando hay humanos cerca para no acabar en el circo o en el congreso. Me volví más prudente y menos dócil, no sé si por viejo o por letraherido. Y así, al trote, siempre al trote, fueron pasando los siglos. Atrás quedó cierto Bardo inglés que puso cabeza de burro a un aprendiz de comediante en el sueño de una noche de verano. Atrás quedó el Siglo de las Luces, que cierto gran pintor llenó de tinieblas y borricos.

Quinta del Sordo. Sale Francisco de GOYA *pintando al* BURRO.

GOYA
Mantenga la postura, señor Asno, que va a salir borroso.

BURRO
Pero don Francisco, que llevo dos décadas posando.

GOYA
¿Mande?

BURRO
Que ya me ha retratado en casi todos los caprichos.

GOYA
¿Mande?

BURRO
Que vuestra merced está como la tapia de la Quinta del Sordo.

GOYA
¿Mande?

BURRO
¡Que podría dejar de pintar burros!

GOYA
¡Ni por pienso, señor Asno! Antaño su raza encarnaba al pueblo llano, pero hoy en día los asnos llevan toga, levita, sotana y hasta corona. No hay bestia que pinte más al vivo la contumaz estulticia, la endémica molicie y la atávica abulia de nuestra idiosincrasia nacional. Así que mantenga la postura.

Burro
Pero don Francisco, que me tengo que ir al siglo XIX, porque dicen que la Revolución Industrial nos va a aliviar la carga.

Goya
¿Mande?

Burro
¡Que acabo de ver pasar una maja!

Goya
¿Vestida?

Burro
¡Desnuda!

Goya
¡Vuelvo enseguida! ¡Mantenga la postura!

Se va.

VIII. Segundo sueño

La acción vuelve al presente.

Burro
Y en poco más de un siglo llegaron los tractores, los camiones y los éxodos rurales. El mundo era más feroz y más veloz. La última manada de mi especie emigró al reino de la fantasía; nos refugiamos dentro de los refranes, las canciones y los insultos. Vivimos en el *Arre, borriquito* y en la burra que va hacia Belén, rín, rín, cargada de chocolate, y en *A mi burro le duele la cabeza*. Vivimos en las películas de la mula Francis y del burro de *Shrek*, en el borrico de fray Perico, en el *borriquito como tú que no sabe ni la u*... y hasta

en el vídeo viral de la burrita Baldomera. Después de seis mil años nadie nos aguijaba, así que nos paramos. Creímos que por fin habría paz, pero al alzar los ojos de la hierba nos vimos abandonados por los campos, atados a estacas en parcelas o esperando turno en el matadero. ¿Hueles eso? Savia que hierve. ¿Sientes eso? Llueve ceniza. El fin se acerca, hermana negra.

> *(Canta.)* Adiós, mi pradera en flor
> de primavera;
> me voy, a dormir me voy
> bajo la tierra.
>
> Como un puñado de hierba
> que seca un rayo de sol
> ya se marchita y se quema
> mi terco y fiel corazón.
> En un rumor de agua fresca
> pasa rodando mi voz
> y en el arroyo se queda
> el eco de mi canción.
>
> Ya no sonará el rebuzno
> que llenaba el aire ayer
> y en un silencio más puro
> me recordarán tal vez
> en cualquier parte del mundo
> donde se pueda perder
> la sombra sola y sin rumbo
> de un burro al atardecer.

Esta nube de luz me recuerda a las horas de siesta de la aurora del mundo.

> *(Canta.)* Adiós, mi pradera en flor
> de primavera...

Este calor de brasa me recuerda al vientre de mi madre burra.

(*Canta.*) Adiós, a dormir me voy
bajo la tierra...

Esta brisa encendida me recuerda...

Se queda dormido.
Sale su Sombra.

Sombra
¡Despierta!

Burro
Solo un ratito más.

Sombra
¡Que despiertes!

Burro
Que me dejes.

Sombra
¡Que te levantes!

Burro
Que no quiero. Además, las sombras no hablan.

Sombra
Ni los burros.

Burro
(*Imitándola en burla.*) *Ni lis birris.*

Sombra
A que te espabilo de una coz.

Burro
A ver con qué pata, si tienes dos dimensiones.

SOMBRA
Con la verdad pura y dura.

BURRO
Qué sabrás tú de verdades, si te estiras y te encoges y sales y te escondes como la luna.

SOMBRA
Porque intento escaparme, pero estamos cosidos. Llevo seis milenios aguantando tus quejas.

BURRO
Te parecerá bonito escuchar monólogos privados.

SOMBRA
Te parecerá digno protestar sin hacer nada.

BURRO
¿Nada? ¿Cargar, tirar, trotar, ramonear es no hacer nada? ¿Roznar, comer, beber, montar asnas, espantar moscas y echarse pedos es no hacer nada? Arrastrarse por la hierba detrás de un currante sin derechos ni salario: ¡eso es no hacer nada!

SOMBRA
¡Qué lástima da el burro que carga lo que le echan! ¡Qué penita da el asno que va donde le dicen! ¡Qué humilde vasallo apaleado! ¡Qué ingenuo bufón tan obediente! ¡El empleado del siglo!

BURRO
¿Y qué quiere que haga la sombra sindicalista?

SOMBRA
Ser libre de una vez.

BURRO
Pues ya me dirás cómo.

SOMBRA
Despertando de este sueño.

BURRO
Aquí estoy calentito.

SOMBRA
Pareces el onagro cuando se quedó manso cazado por los hombres en la primera escena.

BURRO
Ahora no te pongas metateatral.

SOMBRA
En un sueño me pongo como me da la gana.

BURRO
¿Qué importa que yo viva un día más? Si ya me he olvidado de ser libre. Si soy carne de circo o matadero. Si ya solo les valgo de reliquia, de mortadela o de sinónimo de imbécil.

SOMBRA
¡Pero qué manía con tus viejos amos! Mira a tu alrededor: prados para trotar, arroyos para beber y *buffet* libre de hierba silvestre para ramonear a tus anchas. ¡El campo está vacío! ¿Qué importa cuánto tiempo sobrevivas? ¡El tiempo es un invento de los hombres! Cada día será eterno porque será tuyo.

MÚSICO   *(Canta.)* Arre, Platero...

SOMBRA
¡Escucha ese rebuzno!

MÚSICO   *(Canta.)*... Te guarda mi sueño...

SOMBRA
Al fondo de tus sueños, debajo de tu sombra, te está llamando el onagro salvaje que un día fue tu padre.

MÚSICO   *(Canta.)*... La luz del recuerdo
              de ayer.

BURRO
    Pero si estoy atado.

SOMBRA
    Sabes que no es verdad.

BURRO
    A que te tiro tierra por encima.

SOMBRA
    Sabes que la soga está podrida.

BURRO
    A que me revuelco sobre ti.

SOMBRA
    Sabes que la estaca está floja.

BURRO
    A que te echo una meada que hago charco.

SOMBRA
    Sabes que no eres libre porque no te atreves. No escapas porque
    te da culpa. No te vas por miedo al palo. Y te olvidas de que
    alguien sí te quiso. Te olvidas de aquel que te miró a los ojos y
    te volvió eterno con sus palabras.

IX. PLATERO

La SOMBRA *se convierte en el joven* JUAN RAMÓN JIMÉNEZ,
que escribe en un vagón de tren.

MÚSICOS   *(Cantan.)* Arre, Platero,
              conmigo te llevo
              de vuelta a mi pueblo:
              Moguer.

BURRO

(Lee.) «Platero es pequeño, peludo, suave, tan blando por fuera que se diría todo de algodón, que no lleva huesos. Solo los espejos azabache de sus ojos son duros cual dos escarabajos de cristal negro. Es tierno y mimoso igual que un niño, pero fuerte y seco por dentro, como de piedra. Cuando paso sobre él los hombres del campo se quedan mirándolo: *tien´ asero...* Tiene acero. Acero y plata de luna al mismo tiempo. Es tan igual a mí, tan diferente a los demás, que he llegado a creer que sueña mis propios sueños».

Sale un REVISOR.

REVISOR

¡Pasajeros del expreso Huelva-Madrid! Billetes, por favor.

JUAN RAMÓN JIMÉNEZ

¡Está usted interrumpiendo a un poeta!

REVISOR

¡Pero si ese libro no rima!

JUAN RAMÓN JIMÉNEZ

¡Se llama poesía en prosa! Verá cómo triunfa en la capital. Verá cómo se lee en España entera. Verá cómo se vuelve famoso mi pueblo.

REVISOR

¡Un momento! Usted es Jiménez Mantecón, el de las viñas de Moguer.

JUAN RAMÓN JIMÉNEZ

¡Jiménez a secas! Y nada de viñas: amor y poesía cada día.

Jardín de la Residencia de Estudiantes de Madrid. El joven
JUAN RAMÓN JIMÉNEZ, con un lirio en la solapa, escribe.

MÚSICOS   *(Cantan.)* La niebla en las marismas,
el bronce de campanas,
el cauce del aljibe,
el sol que incendia el agua,
los lirios del remanso,
la brisa tibia y clara
que baña el mediodía
de no sé qué nostalgia,
la tarde malherida
marchita en la distancia
como una rosa grana
que sangra en el pinar...

BURRO
(Lee.) «Los niños han ido con Platero al arroyo de los chopos y ahora traen trotando al asnucho cargado de lirios. Hasta su rebuzno se hace tierno bajo la dulce carga. Entre los niños, Platero es de juguete. Ellos le cogen las orejas y lo llaman: *¡Platero! ¡Platerillo! ¡Platerete! ¡Platerucho!* De pronto Platero yergue las orejas, dilata las narices y respira no sé qué honda esencia. Sí. Ahí la tiene ya, en otra colina, a la burra amada. Y dobles rebuznos sonoros y largos desbaratan la hora luminosa. He tenido que tirar de sus riendas. La bella novia lo ve pasar con sus ojazos de azabache. Y Platero trota indócil, intentando volverse, con un reproche en su trotecillo menudo: *parece mentira... parece mentira... parece mentira...*».

Sale ZENOBIA CAMPRUBÍ.

ZENOBIA CAMPRUBÍ
Disculpe, caballero, ¿la Residencia de Estudiantes?

JUAN RAMÓN JIMÉNEZ
¡Está usted interrumpiendo a un poe...! Bienvenida a la Resi, señora.

ZENOBIA CAMPRUBÍ
Señorita. No será usted ese joven poeta del que habla todo Madrid.

JUAN RAMÓN JIMÉNEZ
Juan Ramón Jiménez. No será usted esa joven traductora cosmopolita de la que habla todo Madrid.

ZENOBIA CAMPRUBÍ
Zenobia Camprubí.

JUAN RAMÓN JIMÉNEZ
Bonito nombre.

ZENOBIA CAMPRUBÍ
Bonito lirio. Encantada, señor Jiménez.

JUAN RAMÓN JIMÉNEZ
Llámeme Juan Ramón, señorita Camprubí.

ZENOBIA CAMPRUBÍ
Llámeme Zenobia, señorito Juan Ramón.

JUAN RAMÓN JIMÉNEZ
(Le da el lirio.) Y el lirio es para usted.

Bailan.

MÚSICOS *(Cantan.)* En las lejanas viñas
bailan las hoces blancas
y al fondo sueña el río
sus sueños de oro y plata
y por mi viejo pueblo
pasa trotando mi alma
a lomos de un borrico
y al eco de sus patas
en cada cuadra y huerto,

en cada calle y plaza,
se despereza el alba
que huele a pan candeal.

Cubierta de un transatlántico. JUAN RAMÓN JIMÉNEZ, *ya maduro, escribe.*

BURRO
(Lee.) «Leo en un diccionario: *Asnografía: se dice irónicamente por descripción del asno.* ¡Pobre asno, amigo del viejo y del niño, de la flor y de la luna! ¿Ni una descripción seria mereces tú? ¡Si al hombre que es bueno debieran decirle asno! ¡Si al asno que es malo debieran decirle hombre! Platero, que sin duda comprende, me mira fijamente con sus ojazos lucientes, de una blanda dureza. Y escribo al margen del libro: *Asnografía: se dice con ironía por descripción del hombre imbécil que escribe diccionarios*».

Sale un MARINERO.

MARINERO
¿Señor *Jota Erre Jota*?

JUAN RAMÓN JIMÉNEZ
¡Está usted interrumpiendo a un poeta!

MARINERO
Telegrama urgente de su editor. ¿Se lo llevo al camarote?

JUAN RAMÓN JIMÉNEZ
Lea en voz alta si es que sabe.

MARINERO
(Lee.) «Querido JRJ. Stop. Treinta mil ejemplares vendidos. Stop. *Platero* traducido a veinte idiomas. Stop. Cuando llegue usted a Nueva York le giro los royalties. Stop. Enhorabuena por boda con Zenobia. Stop.».

JUAN RAMÓN JIMÉNEZ
Responda que sí en veinte idiomas. Stop. Y envíe a nuestro
camarote un ramo de lirios.

MARINERO
Pero señor, en el mar no hay lirios.

JUAN RAMÓN JIMÉNEZ
Está claro: los marineros no entienden de poesía.

El MARINERO *se va.*

MÚSICOS   *(Cantan.)* Por el prado florido
               de trinos y de jaras,
               por los surcos y silbos
               del viento en las cañadas,
               por sendas y caminos,
               por cercas y por tapias,
               balcones y azoteas,
               establos y ventanas,
               a lomos de Platero
               vuelve al trote mi alma
               al pueblo de la infancia
               que ya no volverá.

Sala de espera de hospital. JUAN RAMÓN JIMÉNEZ, *viejo, con
libros.*

BURRO
(Lee.) «Encontré a Platero echado en su cama de paja, blandos
los ojos y tristes. Nada bueno, ¿eh, doctor? No sé qué contestó:
que el infeliz se iba... que un dolor, que no sé qué raíz mala... A
mediodía, Platero estaba muerto. La barriguilla de algodón se
había hinchado como el mundo y sus patas rígidas se elevaban
al cielo. Por la cuadra en silencio revolaba una bella mariposa
de tres colores».

Sale una ENFERMERA.

ENFERMERA
Señor Jiménez...

JUAN RAMÓN JIMÉNEZ
¿Hay novedades? ¿Cómo se encuentra mi esposa?

ENFERMERA
Aún delicada por la radioterapia.

JUAN RAMÓN JIMÉNEZ
¿Podría dejar ese lirio en su mesilla? Ah, por cierto, he traído
ejemplares de mi libro para los niños del hospital.

ENFERMERA
Ah, por cierto, tiene una llamada urgente.

JUAN RAMÓN JIMÉNEZ
¿De Moguer?

ENFERMERA
¿Qué es Moguer?

JUAN RAMÓN JIMÉNEZ
Ya casi nada.

ENFERMERA
Es de la Academia Alfred Nobel de Estocolmo.

JUAN RAMÓN JIMÉNEZ
Demasiado tarde.

MÚSICOS   *(Cantan.)* Arre, Platero,
te guarda mi sueño
la luz del recuerdo
de ayer.

Arre, Platero,

conmigo te llevo
de vuelta a mi pueblo:
Moguer.

BURRO

(Lee.) «Esta tarde he ido a visitar la sepultura de Platero. Platero amigo, le dije yo a la tierra; si, como pienso, estás ahora en un prado del cielo, ¿me habrás quizá olvidado? Platero, dime: ¿te acuerdas aún de mí? Sí. Yo sé que a la caída de la tarde, junto al pino que arrulla tu muerte, tú, Platero, feliz en tu prado de rosas eternas, me verás detenerme ante los lirios que han brotado de tu descompuesto corazón. Platero, tú nos ves, ¿verdad? Dulce Platero trotón, burrillo mío, que llevaste mi alma tantas veces por aquellos hondos caminos... Platero, ¿verdad que tú nos ves? Sí, tú me ves. Y yo creo oír, sí, sí, yo oigo en el poniente despejado tu rebuzno lastimero».

X. ¿DESPEDIDA?

La acción vuelve al presente. El BURRO *despierta.*

BURRO

¿Sabes, sombra? He vuelto a soñar contigo. Y a veces los sueños dicen la verdad. *(Se quita la soga. Intenta salir de la parcela. Suenan aspas de helicóptero.)* Pero un momento. ¿Oyes batir las alas de una mosca gigante? ¡Ah de la raza humana! ¡Lanzad un cabo! ¡Llevadme en vilo! ¡Salvad mi sombra! ¡Cuidado, que vais directos al fuego! Lo sobrevuelan. Arrojan agua. Vienen de vuelta. ¡Ah de la raza humana! ¡Dadme al menos un trago de agua! *(El sonido se aleja.)* Alzo las orejas, pero el rumor se extingue. Troto hacia el este; el fuego me corta el paso. Troto hacia el oeste; el fuego me corta el paso. Troto hacia el norte; el fuego me corta el paso. Troto hacia el sur; el fuego me corta el paso. Rebuzno al aire pero nadie me escucha. Me revuelco por la arena pero arde. Arden las hojas, arden las ramas, arden los troncos, arde la hierba, arde la tierra, arde hasta el aire. Respirar duele. Vivir cansa. Pronto estaremos juntos, sombra mía. *(Empieza a llover.)* Pero un momento. ¿Has visto eso? Es un relámpago. ¿Escuchas eso? Truenos lejanos. ¿Puedes olerlo? Viento del norte. ¿Sientes las gotas? Ya arrecia el aguacero. ¡Llueve, sombra! ¡Llueve! ¡Llueve! *(La lluvia apaga el incendio.)* ¿Sabías que los burros inventaron la lluvia? Según cuenta la fábula, una manada de burros subió al cielo para protestar por sus penas. Dios les recordó que su destino era cargar pesos y recibir palos, pero rebuznaron tan fuerte que temblaron las nubes. Así que Dios les dijo: «Si conseguís mear tanto que forméis un mar, os libraré de todos vuestros trabajos para siempre». Y así nació la lluvia. Y por eso, desde entonces, cuando va a mear un burro, otro burro mea con él y luego otro y luego otro y luego otro... Y aquella vieja manada se quedó allí arriba, pastando estrellas, bebiendo nubes, tan tonta y tan terca que jamás ha dejado de intentarlo.

    Y esta fábula es tan vieja
que no tiene moraleja.

El BURRO *rebuzna y se marcha al trote por el campo.*

APÉNDICE

DIEZ POEMAS ASNALES

I
EL ASNO VESTIDO DE TIGRE
(VERSIÓN DE UNA FÁBULA DE ESOPO)

Un día un arriero pobre
que llevaba un asno hambriento
encontró junto al camino
el cuerpo de un tigre muerto.
Al punto sacó el cuchillo,
arrancó al tigre el pellejo
y extendió la piel rayada
sobre el lomo del jumento.
Y así el asno cada noche
devoraba por los huertos
las acelgas más maduras
y los rábanos más frescos;
los hortelanos huían
al ver la fiera de lejos
y el eco de la leyenda
se hizo clamor en el viento:
¡un tigre vegetariano
por los campos anda suelto!
El rey llamó a los mejores
cazadores de su reino

y en una noche de luna
desvelaron el misterio;
al ver salir de un pesebre
a una burra torda en celo
estos atroces rugidos
por todo el campo se oyeron:
¡I-á! ¡I-á! ¡I-á!
Los valientes cazadores
dieron muerte al burro viejo
y a su dueño cien azotes
y la pena del destierro.
Y desde entonces camina
a solas aquel arriero
y va arrastrando su carro
mientras nos canta este cuento:
Dios te libre
de querer
tigre ser
sin ser tigre.

II
LA MEADA DEL ASNO
(VERSIÓN DE UNA FÁBULA DE ESOPO)

Un día cien mil jumentos
hartos de padecer tantos
palos, duelos y quebrantos
subieron al firmamento.
Dios les dijo: *¿adónde vais?*
Callaos ya, porque mis truenos
resuenan bastante menos
que los rebuznos que dais.
¿Qué me pedís? ¿Qué queréis?
«¡Menos carga y menos palo!».
No os puedo dar tal regalo,
pues para sufrir nacéis.

Al ver que su tozudez
quebraría el cielo a coces
el dios acalló las voces
y habló por segunda vez:
¡Que cese ya el vocerío!
Juro por el trono mío
que si echáis una meada
que acabe formando un río,
nunca jamás haréis nada
y viviréis en manada
sin hambre, dolor ni frío.
Desde entonces si un jumento
ve que otro jumento mea
en el sitio en que lo vea
mea también al momento.
Y esta fábula es tan vieja
que no tiene moraleja.

III
EL ASNO Y LA CIGARRA
(VERSIÓN DE UNA FÁBULA DE ESOPO)

Un día un asno oía
cantar a una cigarra
y alzando las orejas
rebuznó estas palabras:
¡Qué hermosa melodía,
qué dulce, fresca y clara,
qué manantial de notas
como gotas de agua!
Dime, cigarra amiga,
dime, cigarra hermana,
di qué fruta o raíz,
di qué hierba o qué planta
comes para tener
la voz con la que cantas.

Solo bebo rocío,
respondió la cigarra
y se marchó volando
a cantar a otra rama.
El burro día a día
bebió rocío al alba
y se murió de hambre
y se acabó la fábula.

IV
EL ASNO DEL LABRADOR
(DE *CON SU PAN SE LO COMA* DE LOPE DE VEGA)

Yo no sé cómo ha de ser
que me sucede, señor,
como al otro labrador
que llevó el asno a vender.
Que él y un hijo que tenía
iban a pie tras la bestia
y la gente con molestia
ver libre al asno sufría.
Subió el viejo y no faltó
quien dijo: *El mozo lleváis*
a pie y caballero vais.
Luego el viejo se bajó
y subió el mozo, mas luego
hubo quien dijo: *El anciano*
va a pie, y el mozo villano
va caballero, ¡oh mal fuego!
El viejo entonces subió
con el mozo y el lugar
entero empezó a gritar:
¿Dos en un asno? ¡Eso no!
Viendo tal desasosiego
los pies le ató y en un pino
llevaba al hombro el pollino

de él y del hijo, mas luego
se burlaron de los dos
diciendo: *¿De esa manera*
lleváis, necio, a quien pudiera
mejor llevaros a vos?
Molinero, esto no es justo:
darle solo al asno gusto.
El viejo, entonces, tomando
al asno lo despeñó
de un río y sospecho yo,
que en las mismas dudas ando,
que viendo el ingenio mío
que no puede contentar
a todos, habrá de dar
con todo el asno en el río.

V

LAMENTO POR LA BURRA
(DE *ANTONA GARCÍA* DE TIRSO DE MOLINA)

Jumenta del alma mía,
¿qué ha de hacer sin ti Bartolo,
pobre, sin borrica y solo?
¡Ay, flor de la burrería!
¡Sin ella no sé qué haré!
Ya no responde a mis voces...
¡si la vierais tirar coces!
¡Quedéme desde hoy a pie!
Y bien sé que no hallaré
desde levante a poniente
quien de esta pena me escurra,
que era muy linda mi burra,
mejorando lo presente.

VI
EL BURRO ENTRE DOS PIENSOS
(DE *EL AMOR COMO HA DE SER*, DE ÁLVARO CUBILLO DE ARAGÓN)

Le pusieron dos montones
a un borrico de cebada,
toda fresca y ahechada
con lechuga y con piñones.
Sin saber a cuál iría,
apeteciendo y dudando,
se quedó a los dos mirando
sin comer todo aquel día.

VII
EL BURRO FLAUTISTA
(TOMÁS DE IRIARTE)

Esta fabulilla,
salga bien o mal,
me ha ocurrido ahora
por casualidad.
Cerca de unos prados
que hay en mi lugar
pasaba un borrico
por casualidad.
Una flauta en ellos
halló, que un zagal
se dejó olvidada
por casualidad.
Acercose a olerla
el dicho animal
y dio un resoplido
por casualidad.
En la flauta el aire
se hubo de colar
y sonó la flauta

por casualidad.
«¡Oh!», dijo el borrico,
«¡qué bien sé tocar!
¡Y dirán que es mala
la música asnal!».
Sin reglas del arte
borriquitos hay
que una vez aciertan
por casualidad.

IX
EL ASNO Y EL COCHINO
(FÉLIX MARÍA DE SAMANIEGO)

Envidiando la suerte del cochino
un asno maldecía su destino.
«Yo», decía, «trabajo y como paja,
él come harina, berza, y no trabaja;
a mí me dan de palos cada día,
a él le rascan y halagan a porfía».
Así se lamentaba de su suerte,
pero luego que advierte
que a la pocilga alguna gente avanza
en guisa de matanza
armada de cuchillo y de caldera
y que con maña fiera
dan al gordo cochino fin sangriento,
dijo entre sí el jumento:
«Si en esto para el ocio y los regalos,
al trabajo me atengo y a los palos».

X
ORACIÓN PARA IR AL CIELO CON LOS BURROS
(FRANCIS JAMMES)

Señor, cuando me llames a tu lado,
pediría que fuera
en un día de fiesta y en el campo,
a pie, bastón en mano,
y decirle a los burros:
«Venid, mansos amigos, queridas pobres bestias
que espantáis a las moscas con un golpe de oreja».
Que acuda a tu presencia, mi Señor,
rodeado de burros, a quienes amo tanto.
Que llegue a ti seguido
por un millar de grandes orejones
de aquellos que cargaron cestas en sus albardas
y aquellos que tiraron de los carros
de comediantes y de buhoneros
y de aquellos cubiertos por heridas
y de burras orondas de paso tembloroso.
Permite, mi Señor,
que acuda a tu presencia con mis burros.
Permite que los ángeles nos lleven
a la orilla frondosa de un arroyo.
Permite que inclinado sobre el agua
me parezca a los asnos
que contemplan su humilde pobreza reflejada
en la claridad pura del amor eterno.

@edantigona

 @edicionesantigona

 @edantigona